BEI GRIN MACHT SICH IHR WISSEN BEZAHLT

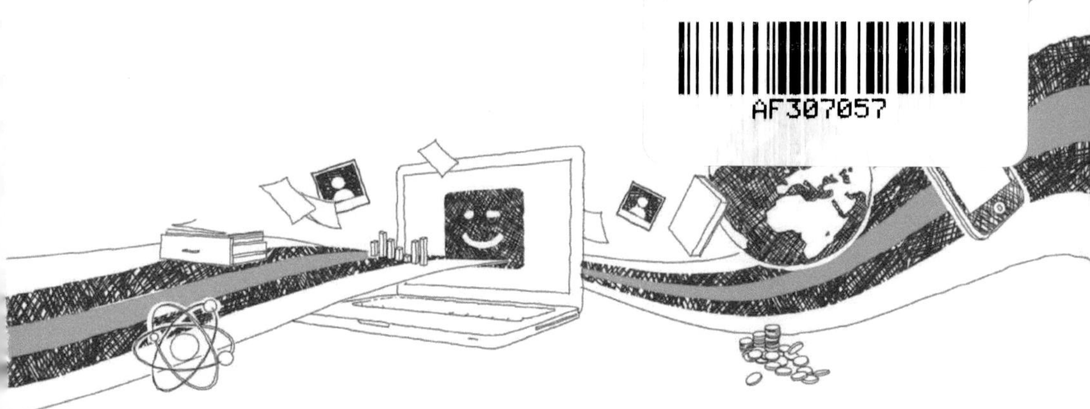

- Wir veröffentlichen Ihre Hausarbeit, Bachelor- und Masterarbeit

- Ihr eigenes eBook und Buch - weltweit in allen wichtigen Shops

- Verdienen Sie an jedem Verkauf

Jetzt bei www.GRIN.com hochladen und kostenlos publizieren

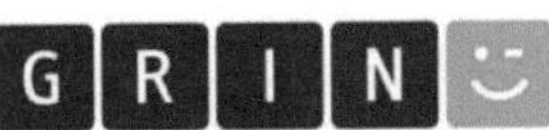

Ernst Probst

Jean Harlow - Das platinblonde Sexsymbol der 1930-er Jahre

GRIN Verlag

Impressum:

Copyright © 2012 GRIN Verlag, Open Publishing GmbH
Druck und Bindung: Books on Demand GmbH, Norderstedt Germany
ISBN: 978-3-656-20668-2

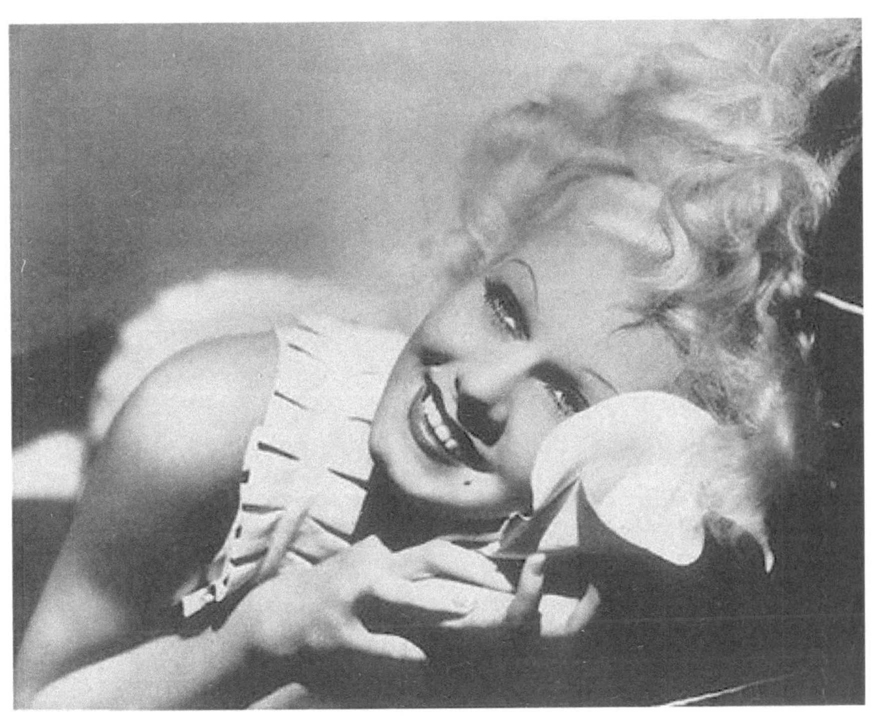

Jean Harlow (1911–1937) im Juni 1934

Ernst Probst

Jean Harlow

Das platinblonde Sexsymbol
der 1930-er Jahre

Beate Werner,
Bernd Werner,
Marianne Werner,
Otto Werner,
Sonja Werner,
Dr. Jochen Werner,
Christine Werner und
Steffen Werner
gewidmet

Jean Harlow

Das platinblonde Sexsymbol der 1930-er Jahre

Als berühmtestes „blondes Gift" und Sexsymbol der 1930-er Jahre galt die amerikanische Schauspielerin Jean Harlow (1911–1937), eigentlich Harlean Harlow Carpenter. Auf der Kinoleinwand verkörperte die angeblich original Platinblonde vulgäre Flittchen ebenso überzeugend wie kultivierte Schönheiten. Zwischen 1929 und 1937 wirkte sie in insgesamt 23 Filmen mit. Sie lebte und liebte in vollen Zügen und starb bereits in jungen Jahren.
Harlean Harlow Carpenter kam am 3. März 1911 um 17.40 Uhr in Kansas City (Missouri) als einziges Kind des Zahnarztes Mont Clair Carpenter (1877–1974) und seiner Ehefrau Jean Poe (1891–1958), geborene Harlow, zur Welt. Die Mutter war 14 Jahre jünger als der Vater.
Manchmal liest man auch die falsche Schreibweise „Carpentier" des Familiennamens Carpenter, die dazu führte, dass man Jean aristokratische Wurzeln andichtete. Für den Vornamen Harlean gibt es unterschiedliche Erklärungen in der Literatur. Einerseits heißt es, dies sei ein Anagramm des Namens Jean Harlow der Mutter. Andererseits soll dies eine weibliche Variante des

Mädchennamens Harlow der Mutter gewesen sein. Wenn der Nachwuchs ein Junge gewesen wäre, hätte man ihn angeblich Harlow Carpenter genannt.

Der Vater von Harlean stammte aus einer Arbeiterfamilie und hatte das „Dental College" in Kansas City besucht. Die intelligente und willensstarke Mutter war die Tochter des reichen Immobilien-Maklers Skip Harlow und seiner Ehefrau Ellen Harlow, geborene Williams. Die Eltern von Harlean haben 1908 geheiratet. Sie wohnten in Kansas City in einem Haus, das Skip Harlow gehörte.

Als kleines Mädchen wurde Harlean nur „Baby" genannt. Dieser Spitzname blieb ihr für den Rest ihres Lebens erhalten. Erst im Alter von fünf Jahren, als sie die „Miss Barstow's Finishing School for Girls" in Kansas City besuchte, wurde ihr bewusst, dass sie nicht „Baby", sondern Harlean hieß. Mit fünf erkrankte Harlean an Hirnhautentzündung (Meningitis). Als Zehnjährige erlebte sie die Scheidung ihrer Eltern, die am 29. September 1922 erfolgte. Die Mutter („Mama Jean") erhielt das Sorgerecht für Harlean und verhinderte in der Folgezeit, dass diese weiterhin ihren Vater sah, den sie liebte.

Weil „Mama Jean" davon träumte, Filmschauspielerin zu werden, zog sie 1923 mit ihrer zwölfjährigen Tochter nach Hollywood in Kalifornien. Skip Harlow, der Vater von „Mama Jean", stellte damals das Ultimatum, er würde seine Tochter enterben, wenn diese nicht aus

Hollywood zurückkehren würde. Harlean besuchte die „Hollywood School for Girls" und begegnete in Hollywood unter anderem Douglas Fairbanks junior (1909–2000), Joel McCrea (1905–1990) und Irene Mayer Selznick (1907–2000).

Der Traum der Mutter von einer Filmkarriere in Hollywood ging nicht in Erfüllung, weil sie mit mehr als 30 Jahren hierfür bereits zu alt war. Größere Rollen winkten meistens nur Mädchen im Teenageralter. Im Frühjahr 1925 verließ die 14-jährige Harlean die „Hollywood School for Girls". „Mama Jean" kehrte damals mit ihr nach Kansas City zurück, weil ihre finanziellen Mittel stark dahingeschmolzen waren.

Einige Wochen später hielt sich Harlean in einem Sommercamp namens „Camp Cha-Ton-Ka" in Michigamme (Michigan) auf, wohin sie ihr Großvater Skip Harlow geschickt hatte und wo sie an Scharlach erkrankte. „Mama Jean" reiste unverzüglich nach Michigan, um nach ihrer Tochter zu sehen und ruderte eigenhändig über einen See zum Camp.

Danach schickte „Mama Jean" ihre Tochter auf die „Ferry Hall School" (heute „Lake Forest Academy") in Lake Forest (Illinois). Unweit dieser Schule lebte Marino Bello (1883–1953), der aus Italien stammende Freund von „Mama Jean", in Chicago. Bello war noch mit Mildred Byfield verheiratet gewesen, als er 1926 mit „Mama Jean" ein Techtelmechtel begann. Er managte damals das Restaurant seiner Gattin im

„Sherman Hotel" in Chicago, das Ernest Byfield, dem Onkel seiner Ehefrau, gehörte.

Weibliche Neulinge der „Ferry Hall School" erhielten damals eine „große Schwester" aus einer Klasse mit älteren Schülerinnen, die ihnen halfen, sich besser einzugewöhnen. Die „große Schwester" von Harlean stellte 1926 der 15-Jährigen den etwa 19 Jahre alten Studenten Charles Fremont „Chuck" McGrew vor, der aus gutem Hause stammte und eine reiche Erbschaft erwartete.

Am 18. Januar 1927 heiratete „Mama Jean" ihren Freund Marino Bello in Waukegan (Illinois). Ihre Tochter war bei der Eheschließung nicht dabei. Die Ehe von „Mama Jean" mit dem zwielichtigen Bello hielt bis 1935. Bello wagte 1938 mit Evelyn Husby seine dritte Ehe.

Die frühreife Harlean verließ mit 16 am 21. September 1927 die „Ferry Hall School", brannte mit dem 20-jährigen Charles Fremont McGrew durch und heiratete ihn sechs Tage später. Mit 21 kam McGrew in den Genuss eines großen Teiles seiner Erbschaft. Das junge Paar zog 1928 nach Los Angeles (Kalifornien) und wohnte in einem Haus in Beverly Hills. Beide gingen keiner Arbeit nach und tranken viel Alkohol, vor allem der junge Ehemann. Letzterer hoffte, seine Gattin bekäme durch den Umzug etwas Abstand von ihrer Mutter. „Mama Jean" kontrollierte nämlich jeden der Schritte ihrer Tochter und sabotierte deren Beziehung zu McGrew.

Zu jener Zeit war Harlean mit der jungen aufstrebenden Filmschauspielerin Rosalie Roy (geboren 1910) befreundet. Weil jene kein Auto besaß, bat sie eines Tages Harlean, diese solle sie zum Filmstudio „Fox" zu einem Termin fahren. Während die attraktive Harlean im Auto saß und auf ihre Freundin wartete, fiel sie Führungskräften von „Fox" auf. Man fragte sie, ob sie Interesse am Filmen habe, aber Harlean verneinte. Trotzdem erhielt sie eine Einladung für ein Casting. Als Harlean dies später ihrer Freundin Rosalie Roy erzählte, wettete diese mit ihr, dass sie nicht den Mut habe, für eine Rolle vorzusprechen. Weil sie die Wette nicht verlieren wollte und ihre Mutter sie drängte, fuhr Harlean zum Casting, machte dabei einen guten Eindruck und unterschrieb mit dem Mädchennamen Jean Harlow ihrer Mutter.

Nach dem Casting erhielt Jean Harlow einige Anrufe und Jobangebote von den Filmleuten bei „Fox". Als sie mehrere Jobangebote abgelehnt hatte, wurde sie von ihrer Mutter unter Druck gesetzt, eine Filmarbeit anzunehmen. Schließlich raffte sie sich auf und wirkte in einer kleinen Nebenrolle des Films „Honor Bond" (1928) mit. Pro Drehtag erhielt sie eine Gage von sieben US-Dollar. In ihrem Debütfilm hat man sie nicht im Abspann erwähnt.

Zunächst arbeitete die 1,57 Meter große Platinblonde unter dem Künstlernamen Jean Harlow – also dem Mädchennamen ihrer Mutter – als Komparsin und Darstellerin kleinerer Rollen. Im Dezember 1928

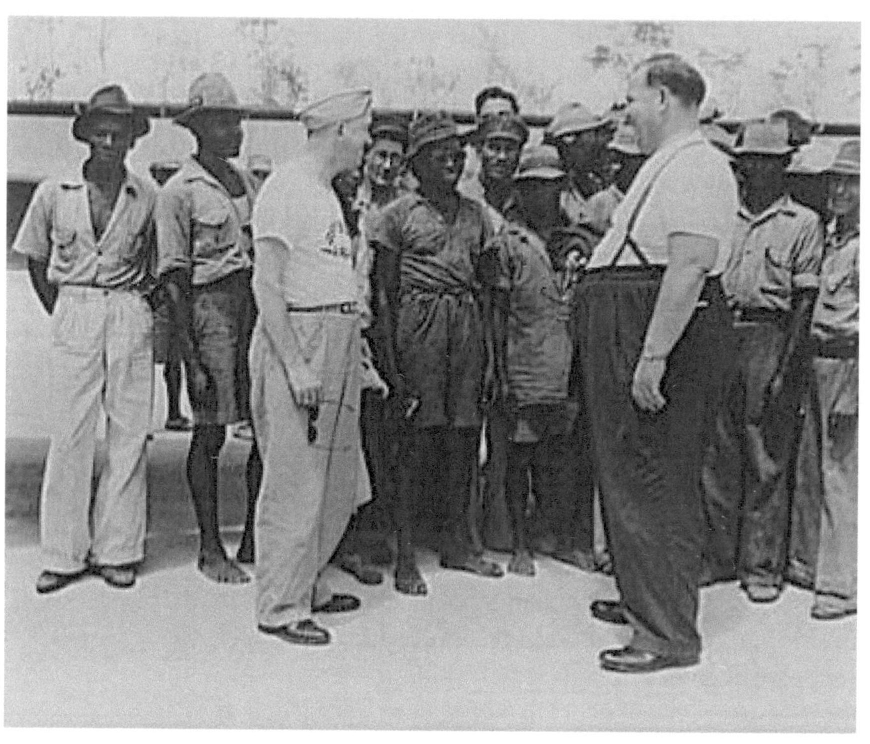

Oliver Hardy (1892–1957),
dritter von rechts,
und Stan Laurel (1890–1965),
dritter von links

unterschrieb sie einen Vertrag mit den „Hal Roach Studios", der ihr eine Gage von 100 US-Dollar pro Woche garantierte. Man sah sie in den Kurzfilmen „Liberty" („Freiheit", 1929), „Double Whoopee" („Der Prinz im Fahrstuhlschacht", 1929), „Bacon Grabbers" (1929) und „The Unkissed Man" (1929).

In „Double Whoopee" trat Jean Harlow neben dem berühmten amerikanischen Komikerduo Oliver Hardy (1892–1957) und Stan Laurel (1890–1965) auf. Diese beiden Schauspieler kennt man in Deutschland auch als „Dick und Doof". In dem Streifen „Double Whoopee" erblickte man Jean nur in einer einzigen Szene.

Im Juni 1929 trennte sich Jean Harlow von ihrem Ehemann Charles Fremont McGrew und zog zu „Mama Jean" und deren Ehemann Marino Bello. Die erste Ehe von Jean mit McGrew hatte kaum zwei Jahre gehalten. Ihr Stiefvater Bello veruntreute später einen Teil ihrer Filmgagen und investierte diese in nicht existierende mexikanische Goldminen.

Als Jean Harlow hochhackig durch die „Hal Roach Studios" stelzte, wo Filme mit Oliver Hardy und Stan Laurel gedreht wurden, fiel sie zufällig dem Agenten Arthur M. Landau (1888–1966) auf, der sich damals als Talentsucher betätigte. Er staunte, dass die junge, blonde Frau mit unnatürlich hellen Haaren gar keinen Büstenhalter trug. Das sei ihr Markenzeichen, erklärte sachkundig der dicke Oliver Hardy („Ollie"). Die Blondine erschien Landau einerseits leicht ordinär, andererseits

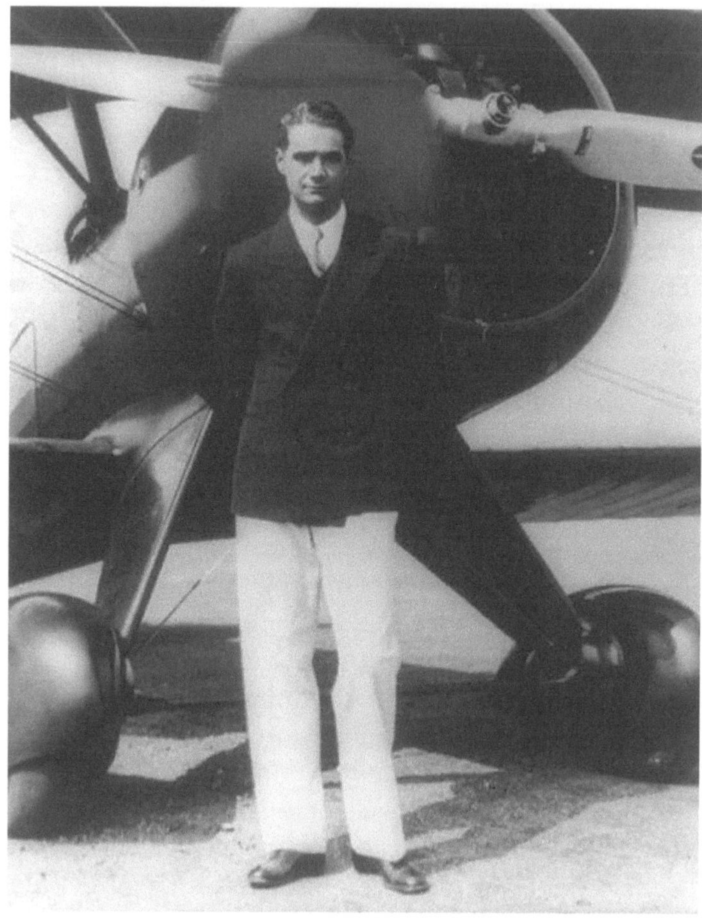

*Howard Hughes (1905–1976)
in den 1940-er Jahren*

war er von ihr so fasziniert, dass er den Multimillionär, Filmproduzenten und Flugpionier Howard Hughes (1905–1976) auf sie aufmerksam machte. Hughes schloss am 24. Oktober 1929 einen Fünf-Jahres-Vertrag mit Jean Harlow.

Außer den Streifen mit Stan Laurel und Oliver Hardy drehte Jean Harlow auch andere Stummfilme wie „Moran of the Marines" (1928), „City Lights" („Lichter der Großstadt", 1928), „Fugitives" (1929), „Close Harmony" (1929), „The Saturday Night Kid" (1929), „The Love Parade" („Liebesparade", 1929), „This Thing Called Love" (1929) und „New York Nights" (1929).

Als Ersatz für die norwegische Filmschauspielerin Greta Nissen (1905–1988), die keinen britischen Akzent hatte, übernahm Jean Harlow eine Rolle als Soldatenbraut in dem Tonfilm „Hell's Angels" (1930) unter der Regie von Howard Hughes. Dieser Streifen war bereits teilweise als Stummfilm gedreht worden, bevor man alle Szenen mit Nissen durch solche mit Harlow ersetzte. In ihrem ersten Tonfilm sprach Jean eines der berühmtesten zweideutigen Angebote der Filmgeschichte.

„Macht es Ihnen etwas aus, wenn ich rasch in etwas Bequemeres schlüpfe?"

Die Premiere von „Hell's Angels" erfolgte am 27. Mai 1930 im Kino „Grauman's Chinese Theatre", vor dem später viele berühmte Filmschauspieler/innen ihre Fuß- und Handabdrücke der Nachwelt hinterließen. Vor dem Premierenkino versammelten sich schätzungsweise

50.000 Menschen, um einen Blick auf Jean Harlow zu erhaschen.

Kritiker lobten den weißen Körper von Jean, meinten aber, ihre Schauspielerei sei eine Katastrophe und ihre Stimme klinge wie diejenige eines Fischweibes. Doch Kollegen des zaudernden Agenten Arthur M. Landau sagten zu diesem den oft zitierten Satz „Titten sind Titten, aber auch die schönsten können eben nicht sprechen." Im Gegensatz zu den Kritikern waren die Kinobesucher/innen von Jean Harlow begeistert.

Fotografen, denen Jean Harlow erlaubte, sie hüllenlos abzulichten, schwärmten von ihrem nackten Körper. Bereits mit 17 ließ sich Jean 1928 hüllenlos von dem Hollywood-Fotografen Edward Bower Hesser (1893–1962) in Griffith Park ablichten. Der Fotograf Clarence Sinclair Bull (1886–1979) erklärte: „Sie hatte den schönsten und verführerischten Körper, den ich je fotografierte". Für ein von Bull angefertigtes Porträtfoto der Harlow zahlte ein Fan später bei einer Auktion 8.000 US-Dollar. „MGM"-Cheffotograf George Hurrell (1904–1992) lobte Jean, sie sei nie vor der Kamera erschrocken, sondern habe sich mit dieser verschworen und er sei nur der Dritte im Bunde gewesen.

„Ihr Haar schimmerte so weiß wie ihre zarte Albino-Haut, den lockenden Leib umspielten weiße Seide und kostbarer Silberfuchs; aber über alle Maßen erregte es die Zeitgenossen, daß ihr divines Schneeweißchen keinen Büstenhalter trug, frei und ungebändigt schwebte der prächtige Busen. Triumphal herrschte, in diesen dreißiger Jahren, die himmlische Jean Harlow im Hollywood-Reich". Das konnte man 1988 im Hamburger Nachrichten-Magazin „Der Spiegel" lesen.

In manchen Biografien über Jean Harlow heißt es, Platinblond sei ihre natürliche Haarfarbe gewesen. Anderswo liest man aber, sie hätte ihre Haare jede Woche mit einer Mischung aus Clorox, Ammoniak, Lux Flakes und Wasserstoffperoxid gebleicht. Diese Mixtur sei sehr schmerzhaft gewesen und habe ihren Haaren sehr geschadet.

Mancher verliebte Mann, welcher der hitzköpfigen Jean Harlow ins Garn ging, wurde regelrecht verrückt nach ihr. Jean wusste sehr gut, was Verehrer mochten. Wenn sie ein Kleid kaufte, fragte sie immer, ob dieses durchsichtig sei, nur dann nehme sie es. Zu den Tricks, mit denen sie „Herren der Schöpfung" betörte, gehörte, dass sie sich Parfüm in den Rachen sprühte. Bei Dreharbeiten setzte sie Eis auf ihre Brustwarzen, damit diese aufgerichtet wurden und besonders sexy wirkten. Sie verzichtete immer auf Unterwäsche und schlief stets nackt. Um schlank zu bleiben, hielt sie eine strenge Diät mit viel Gemüse und Salat ein. Am linken Bein trug sie ständig ein Kettchen in Höhe ihrer Knöchel. Ohne einen Blick in ihren „Lucky"-Spiegel verließ sie nie ihre Garderobe.

Was kaum jemand ahnte: Jean Harlow litt unter ihrem Image als Sexbombe, so wie es später bei Marilyn Monroe

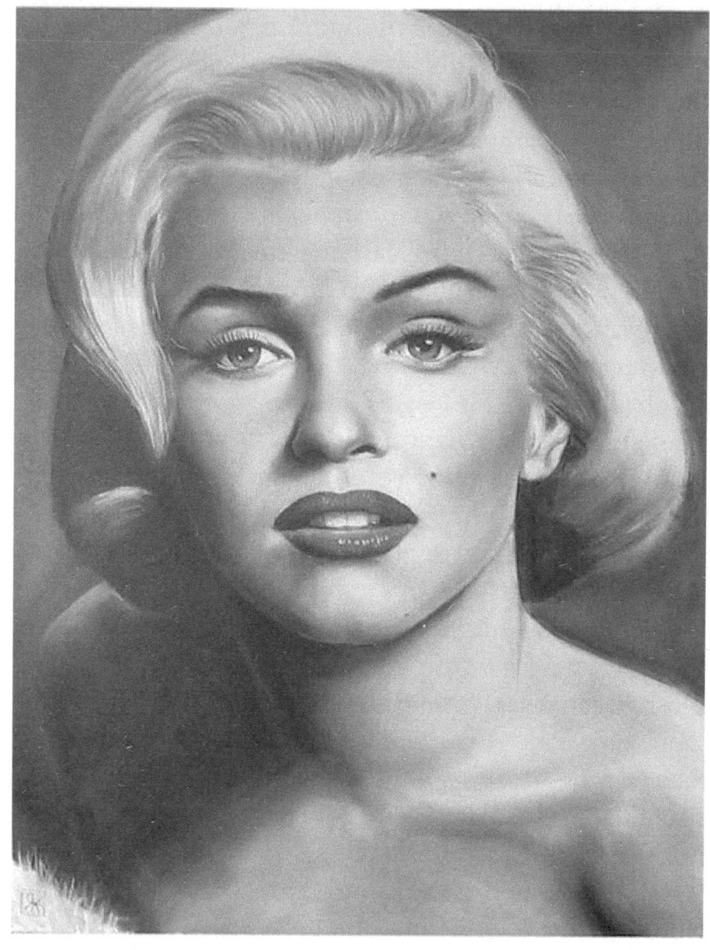

Marilyn Monroe (1926–1962),
Ölgemälde von Rolf Krampe, 2005

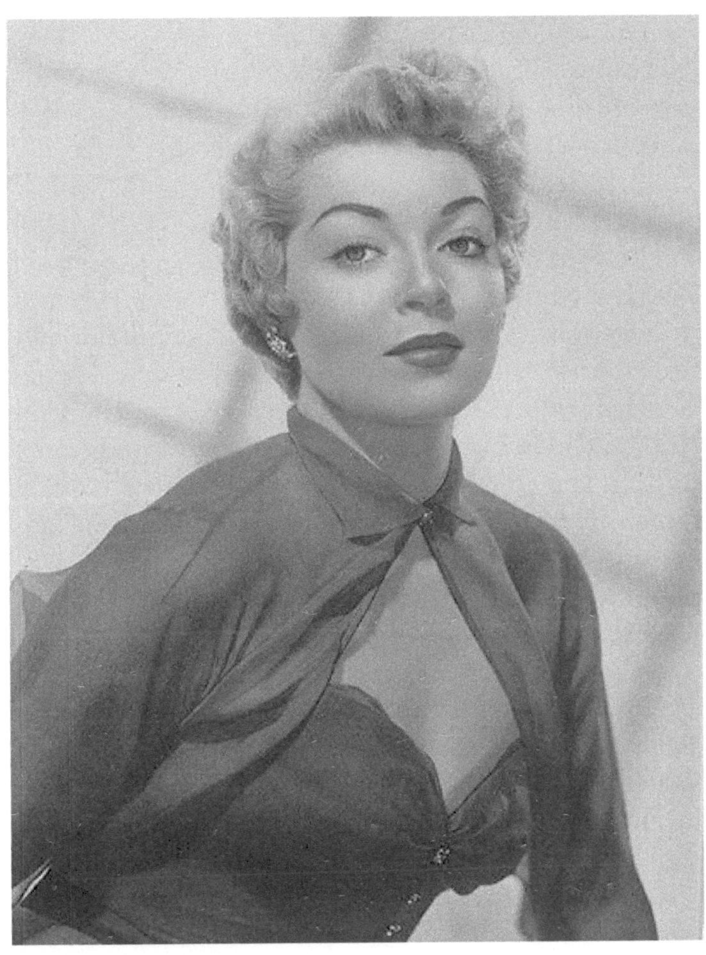

Lana Turner (1920–1995)
im Februar 1951

der Fall war. Manches neue Rollenangebot für einen Film kommentierte sie mit den Worten: „Welche Nutte soll ich nun wieder spielen?" Laut Online-Lexikon „Wikipedia" gilt die Harlow heute als „Prototyp der blonden Sexbombe, die den Weg ebnete für andere blonde Schauspielerinnen wie Lana Turner (1920–1995) und Marilyn Monroe (1926–1962).

Das Filmstudio „Caddo Company" von Howard Hughes lieh 1931 Jean Harlow an andere Studios aus. Nun mimte sie Gangsterbräute und andere leichte Mädchen in den Filmen „The Secret Six", „The Iron Man", „The Public Enemy" („Der öffentliche Feind") und „Goldie", die alle 1931 in die Kinos kamen. Kritiker verdammten oder verspotteten weiterhin die schauspielerischen Fähigkeiten von Jean. Auch eine kurze Publicity-Tour, auf die sie von Howard Hughes geschickt wurde, blieb ohne Erfolg.

Sogar im richtigen Leben hatte Jean Harlow es mit Gangstern zu tun. 1931 wurde sie die Patentante von Millicent Siegel, der ältesten Tochter des Mobsters Bugsy Siegel (1906–1947), den man heute der „Kosher Nostra" zurechnet. Dem gut aussehenden Gangster, der 1929 seine Jugendliebe Esta (Estella) Krakower geheiratet hatte, wird eine Affäre mit der Harlow nachgesagt. Siegel wurde 1947 ermordet, als ein mit dem Geld der Cosa Nostra umgebautes Kasino in Las Vegas floppte.

1931 verkörperte Jean Harlow auch ein Mädchen namens Anne Schuyler aus der feinen Gesellschaft in

„Platinum Blonde" („Vor Blondinen wird gewarnt") von Frank Capra (1897–1991). Dabei konkurrierten sie und Loretta Young (1913–2000) um denselben Mann (Robert Williams). Der Hauptdarsteller Robert Williams (1897–1931) starb vier Tage nach der Uraufführung in den USA am 3. November 1931 an einem Blinddarmdurchbruch. Nach Ansicht von Kritikern zeigte Jean in diesem Film erstmals ihr Gespür für Komödie.

Nach „Platinum Blonde" färbten viele weibliche Fans in den USA ihre Haare platinblond wie Jean Harlow. Das Team von Howard Hughes förderte die Gründung von „Platinum Blonde"-Clubs, die es bald in mehr als hundert US-Städten gab. Außerdem setzte man ein Preisgeld von 10.000 US-Dollar für diejenige Kosmetikerin aus, welche die Haarfarbe der Harlow exakt nachahmen konnte. Viele Frauen imitierten auch das Make-up, die Kleidung und sogar die vulgäre Zunge von Jean. Hersteller von Büstenhaltern und Korsetts litten sehr darunter, dass zahlreiche Amerikanerinnen wie Jean keine solche Unterwäsche mehr trugen.

Bei so mancher Gelegenheit in Hollywood brillierte Jean Harlow mit ihrer Schlagfertigkeit. Als sich eine pikierte vornehme Lady bei einer Society-Party über die ungestützten Brüste von Jean mokierte, ließ diese keck eine Brust aus ihrer Bluse hüpfen. Einem Reporter, der sie fragte, ob sie auch einen braven Ehemann verführen würde, antwortete sie, sie würde nicht im Second-Hand-Laden klauen. In den USA kursierten aberwitzige

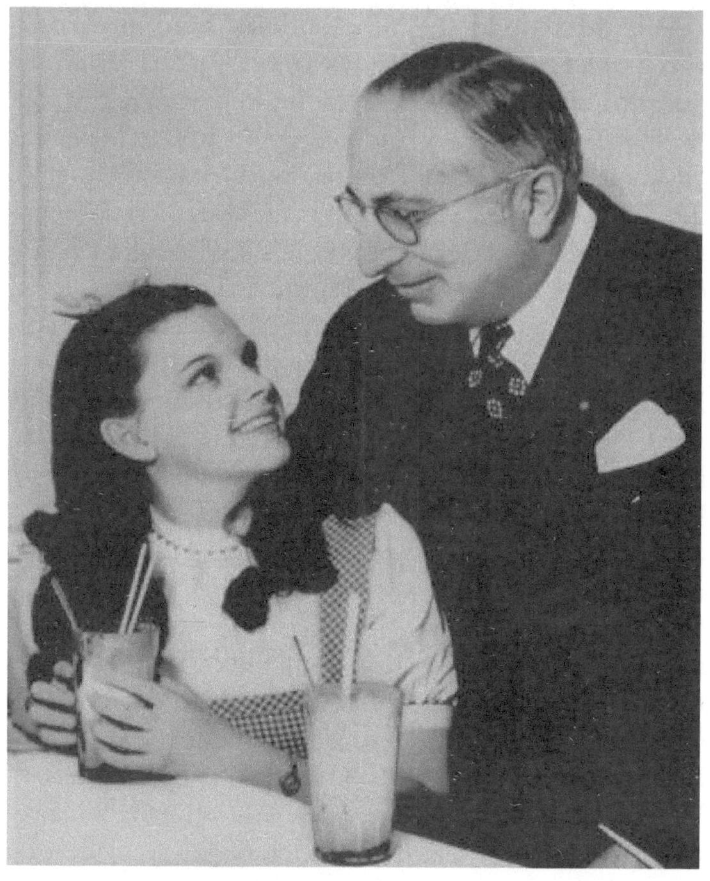

Louis B. Mayer (1885–1957), rechts,
mit Judy Garland (1922–1969)

Geschichten über Jean Harlow. Gerüchtweise hieß es, etwa 20 junge Leute hätten sich freiwillig entmannt, um keiner anderen als ihr zu gehören.

Nach den Filmen „Three Wise Girls" (1932) und „The Beast of the City" (1932) unternahm Jean Harlow eine zehnwöchige Werbetour an die Ostküste der USA. Dabei füllte sie ungeachtet negativer Äußerungen von Kritikern jedes Kino, in dem sie erschien. Prompt verlängerte man die Werbetour mit ihr um sechs Wochen.

An ihrem 21. Geburtstag am 3. März 1932 erfuhr Jean Harlow, das renommierte Filmstudio „Metro-Goldwyn-Mayer" („MGM") habe ihren Vertrag für 30.000 US-Dollar von Howard Hughes gekauft. Offiziell wechselte sie am 20. April 1932 zu „MGM", wo sie in der Folgezeit mehr als die Hälfte ihrer Filme drehte. „MGM"-Boss Louis B. Mayer (1885–1957) war anfangs nicht sehr davon begeistert gewesen, die Harlow in Filmen seines Studios einzusetzen. Die weiblichen Filmstars von „MGM" wurden nämlich auf elegante Art und Weise präsentiert. Jean Harlow dagegen war bis dahin auf der Kinoleinwand oft als Flittchen zu sehen.

Das Filmstudio „MGM" versuchte, das Image von Jean Harlow zu verbessern. Man änderte ihren Mädchennamen Carpenter ab in „Carpentier" und behauptete fälschlicherweise, der amerikanische Schriftsteller Edgar Allan Poe (1809–1849) sei einer ihrer Vorfahren. Poe war der zweite Vorname ihrer Mutter. Außerdem

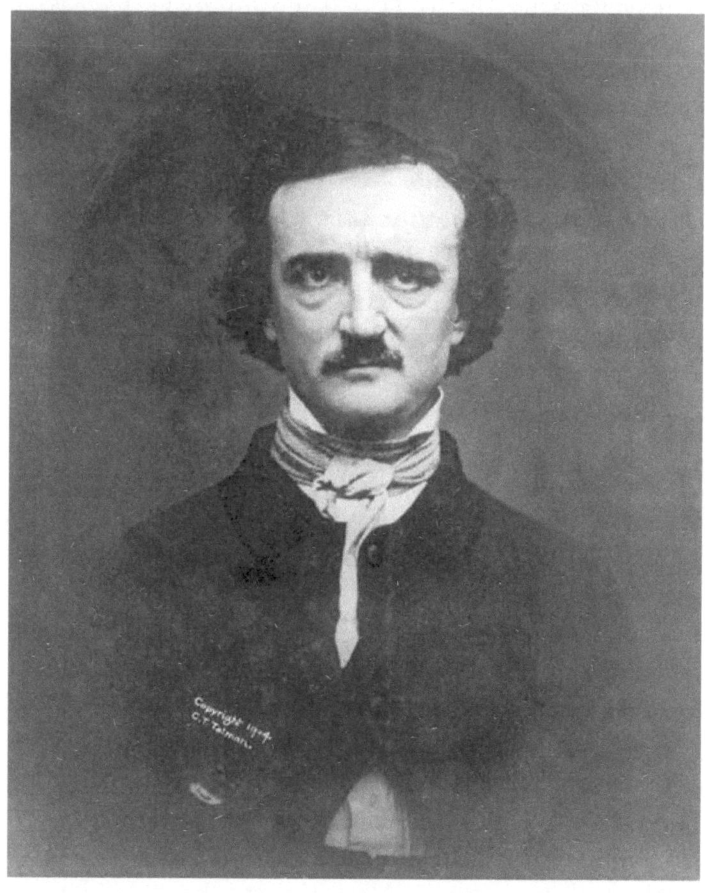

Edgar Allan Poe (1809–1849)

veröffentlichte man Fotos, auf denen Jean als Wohltäterin zu sehen war.

Im Beisein von Jean Harlow starb am 10. August 1932 in Los Angeles der Deutsche Schäferhund „Rin Tin Tin" („Rinty") im Alter von 13 Jahren. Der Vierbeiner, den der amerikanische Soldat Lee Duncan gegen Ende des Ersten Weltkrieges von Frankreich mit nach Los Angeles gebracht hatte, war mit 26 Filmen in den 1920-er Jahren zum Star avanciert. „Rin Tin Tin" wurde in seiner Heimat Frankreich auf dem Hundefriedhof von Asnières-sur-Seine beerdigt. Seine Nachfolger waren von 1932 bis 1939 „Rin Tin Tin junior" sowie 1939 und 1947 „Rin Tin Tin III".

Berühmt wurde Jean Harlow in „Red-Headed Woman" („Feuerkopf", 1932), „Red Dust" („Dschungel im Sturm", 1932) und „Reckless" („Die öffentliche Meinung", 1935). Mit der Komödie „Red-Headed Woman" von 1932, die ihr 1.250 US-Dollar pro Drehwoche einbrachte, begann ihr Aufstieg zum Topstar. Dieser Film wurde für die damalige Zeit als so gewagt empfunden, dass ihn in England die Zensur verbot. „Red Dust" entstand vor dem Inkrafttreten des „Productionscode", den Sittenregeln für Filme, und konnte deshalb bei erotischen Szenen noch relativ weit gehen. Außerdem sah man die Harlow in „Hold Your Man" („Die Gangsterbraut", 1933), „Bombshell" („Sexbombe", 1933), „Dinner at Eight" („Dinner um acht", 1934) und „Riffraff" (1936).

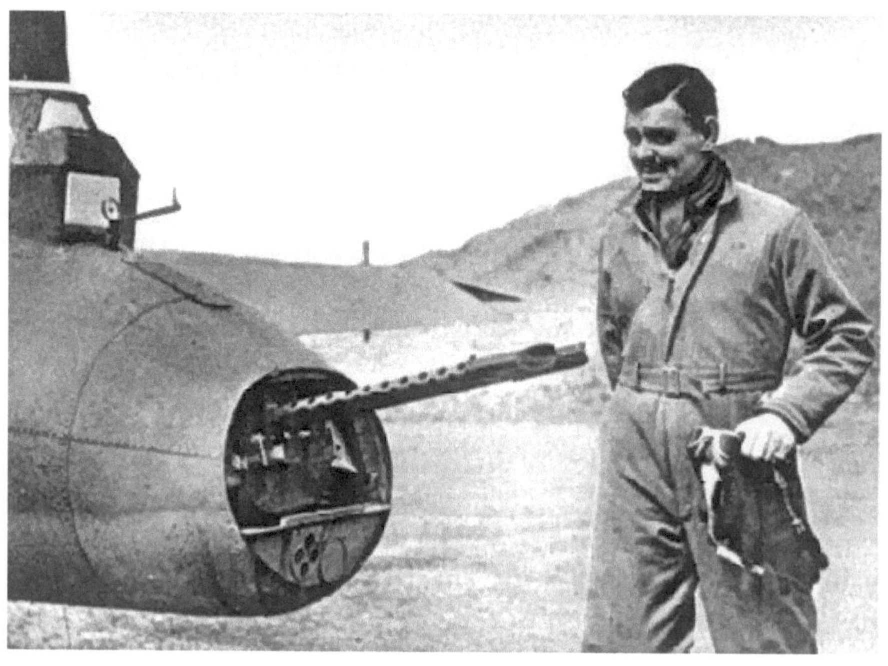

Clark Gable (1901–1960)

„Bombshell" ist eine Satire über das Filmgeschäft und die Skandalpresse. Jean Harlow verkörperte darin den platinblonden Hollywoodstar Lola Burns mit hautengen Kleidern, tiefem Dekolletee und ohne Büstenhalter. Dabei spielte sie mehr oder weniger sich selbst. Denn die Hauptfigur hatte genug von den Marotten der Filmindustrie und der Presse, wünschte sich ein ruhiges Leben als Hausfrau und Mutter.

Zu Jean Harlows Partnern gehörten der Herzensbrecher Clark Gable (1901–1960), mit dem sie erstmals in der Komödie „Red Dust" auftrat, und der kantige Spencer Tracy (1900–1967). Mit Gable stand sie sechsmal vor der Filmkamera. Ab Mitte der 1930-er Jahre änderte „MGM" ihr Image zur sportlich betonten „guten Kameradin". In „Personal Property" („Der Mann mit dem Kuckuck", 1937) mimte Jean eine arme Witwe.

Aufmerksamen Beobachtern entging es nicht, dass in Jean Harlows Filmen der Schönheitsfleck in ihrem Engelsgesicht mit den aufgepolsterten Bäckchen und dem kleinen Mund häufig wanderte. 1931 zum Beispiel sah man den Fleck in „The Secret Six" auf der Mitte der rechten Wange, 1932 in „Red-Headed Woman" auf der linken Wange, 1933 in „Hold Your Man" unterhalb des linken Mundwinkels" und 1934 in „The Girl From Missouri" („Millionäre bevorzugt") ebenfalls dort, jedoch weiter nach links gerückt.

Zeitweise galt Jean Harlow als Kandidatin für die weibliche Hauptrolle der schreienden blonden Heldin

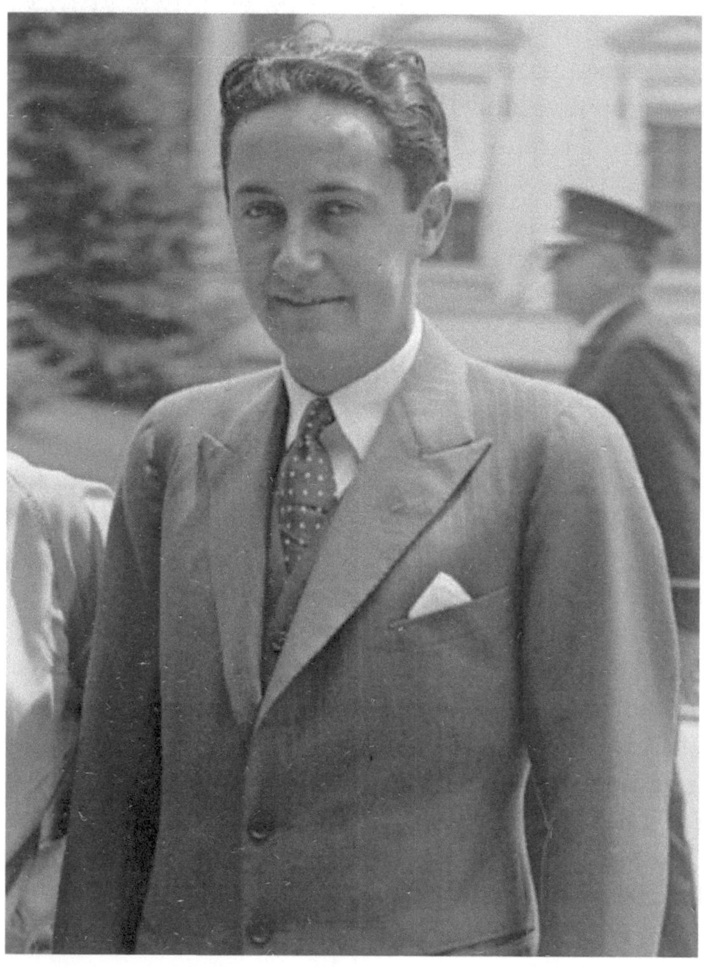

Irving Thalberg (1899–1936)
im Juli 1929

in dem Filmklassiker „King Kong" (1933). Doch wegen anderweitiger Verpflichtungen spielte schließlich Fay Wray (1907–2004) jene Anne Darrow, in die sich der riesige Menschenaffe verliebt hatte. Die brünette Wray trug in diesem erfolreichen Abenteuerfilm eine blonde Perücke.

Zu den bekanntesten Filmen von Jean Harlow gehören „Wife vs. Secretary Lady"(„Seine Sekretärin", 1936) mit Clark Gable und Myrna Loy (1905–1993) sowie „Libeled Lady" („Lustige Sünder", 1936) mit William Powell (1892–1984), Spencer Tracy und erneut Myrna Loy. Gelegentlich wirkte Jean auch in Abenteuerfilmen mit. In „China Seas" („Abenteuer im Gelben Meer", 1935) sah man sie als leichtes Mädchen namens China Doll neben Clark Gable und Wallace Beery (1885–1949). Anfang 1937 zeigte das Magazin „LIFE" sie auf der Titelseite.

Im Privatleben schien Jean Harlow vom Pech verfolgt. Ihre erste Ehe, die sie 1927 mit Charles Fremont McGrew geschlossen hatte, wurde bereits 1929 wieder geschieden. Danach fragte sich alle Welt, welchen Traummann dieses Prachtweib nun erhören würde.

Zur großen Verblüffung vieler Menschen wählte Jean Harlow 1932 den Regisseur und Produktionsassistenten Paul Bern (1889–1932) vom Filmstudio „MGM" zum Bräutigam. Jean war damals 21 Jahre alt. Der aus Wandsbek in Norddeutschland stammende Paul Bern galt als enger Vertrauter des Produzenten Irving

Thalberg (1899–1936). Mit 42 Jahren war der untersetzte und schnurrbärtige Bern doppelt so alt wie die Harlow. Der verständnisvolle Bern wurde in Hollywood als „kleiner Beichtvater" bezeichnet. Er unterrichtete Jean in klassischer Musik und Literatur. Jean lobte seine Klugheit, sein Verständnis und seinen Glauben an ihre Fähigkeiten. Ähnlich wie später Marilyn Monroe bei Arthur Miller (1915–2005) suchte die Harlow bei Bern Seelenruhe und Zuflucht vor der Starvermarkung.
Die am 2. Juli 1932 geschlossene Ehe von Jean Harlow mit Paul Bern endete mit einem Desaster. Der Bräutigam besaß angeblich nur ein „kindliches Gemächte" und soll zum Liebesspiel unfähig gewesen sein. In der Hochzeitsnacht entpuppte sich der bis dahin feingeistige und verständnisvolle Bräutigam als betrunkener Brutalo, der seine Braut fürchterlich verprügelte, als es im Bett nicht klappte. Jean wimmerte nach den schweren Schlägen: „Er ist geisteskrank". Die Schläge wurden später sogar als Ursache für den frühen Tod von Jean mitverantwortlich gemacht. Das Ehepaar lebte nur acht qualvolle Wochen zusammen. Dann erschoss sich Bern nach einem jammervollen, neuen Liebesakt-Versuch nackt und mit dem Lieblingsparfüm von Jean eingesprüht vor einem Spiegel. Sein Butler fand ihn am 5. September 1932. Jean war nach dem misslungenen Akt zu ihrer Mutter geeilt. Vor seinem Selbstmord hatte Bern eine Notiz hinterlassen, in der er Jean demütig um Vergebung für den schrecklichen Fehler, den er ihr

angetan habe, bat. Bei einer Autopsie der Leiche entdeckte ein Arzt eine „körperliche Behinderung, die eine glückliche Ehe verhindert hätte".

Nach dem Freitod von Paul Bern gab es Gerüchte, er sei einem Mord zum Opfer gefallen. Das Filmstudio „MGM" bemühte sich sehr, die Wogen der Aufregung zu glätten. „MGM" wollte nicht unter dem Ruf leiden, einen Sadisten und Selbstmörder in hochrangiger Funktion beschäftigt zu haben.

Zu allem Überdruss beging am 6. September 1932 auch Berns psychisch kranke Lebensgefährtin Dorothy Millette (1886–1932), von der Jean bis dahin nichts wusste, Selbstmord. Sie stürzte sich von einem Schiff auf dem Sacramento River ins Wasser. Ihre Leiche wurde zwei Wochen später von einem Fischer gefunden. Bern war für den Aufenthalt von Dorothy in Sanatorien aufgekommen und hinterließ hohe Schulden.

Die durch diese Vorkommnisse verstörte Jean Harlow versuchte, sich von dieser grässlichen Äffäre durch flüchtige Sex-Abenteuer abzulenken. Getarnt mit einer schwarzen Perücke fuhr sie im Cadillac in Kalifornien umher und gabelte dabei Männer auf. Manche ihrer Bekanntschaften schmachteten, sie sähe wie Jean Harlow aus. Einmal stahl man ihren auf dem Nachttisch eines Stundenhotels liegenden wertvollen Schmuck.

Den „MGM"-Boss Louis B. Mayer, der angeblich gern Sex mit ihr gehabt hätte, wies Jean Harlow brüsk ab. Obwohl sie beim Boss in Ungnade gefallen war, machte

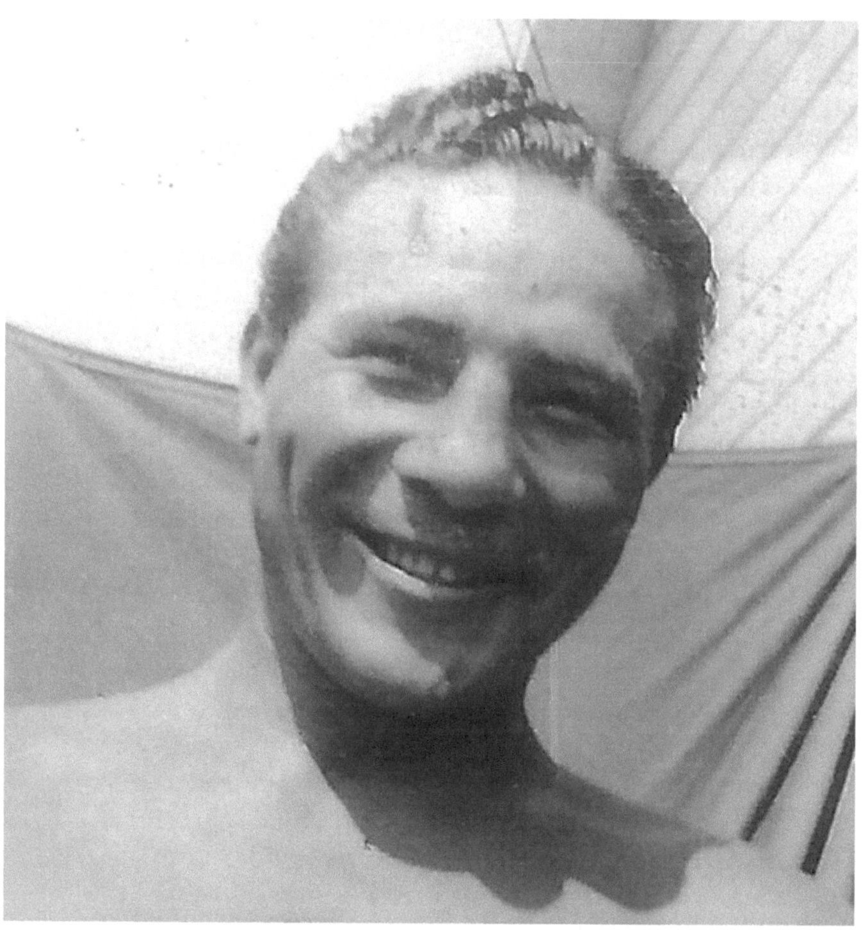

Max Baer (1909–1959)

Jean weiterhin Karriere. Ihre wöchentliche Gage kletterte auf beachtliche 4.000 US-Dollar.

Einige Zeit nach dem Tod von Paul Bern hatte Jean Harlow eine Affäre mit dem 1,89 Meter großen Boxer Max Baer (1909–1959), der sie um Kopflänge überragte. Als ihn Jean kennenlernte, lebte er bereits getrennt von seiner Ehefrau, der Filmschauspielerin Dorothy Dunbar (1902–1992). In seinem Scheidungsverfahren behauptete Baer fälschlicherweise, Jean sei der Trennungsgrund gewesen. 1933 erfolgte die Scheidung der Ehe von Baer und Dunbar. Dorothy Dunbar brachte es im Laufe ihres Lebens auf sieben Ehemänner. Baer besiegte 1933 den deutschen Boxer Max Schmeling (1905–2005) in New York City. 1934 wurde er Boxweltmeister im Schwergewicht. Er spielte auch in Hollywood-Filmen mit.

Das Filmstudio „MGM" wollte nach dem Skandal um den Selbstmord von Paul Bern nicht noch einen weiteren, in dem die Harlow eine Rolle spielte. Deswegen entschärfte man die Lage, indem man eine Ehe zwischen Jean Harlow und dem Kameramann Harold („Hal") Rosson (1895–1988) vorschlug. Harlow und Rosson, die miteinander gut befreundet waren, gingen auf diesen Vorschlag ein und heirateten 1933. Sieben Monate später trennte sich das Paar 1934 in aller Ruhe.

Neuer Begleiter von Jean Harlow wurde der Filmstar William Powell, mit dem sie bereits zusammen aufgetreten war. Der 19 Jahre ältere Powell hatte schon

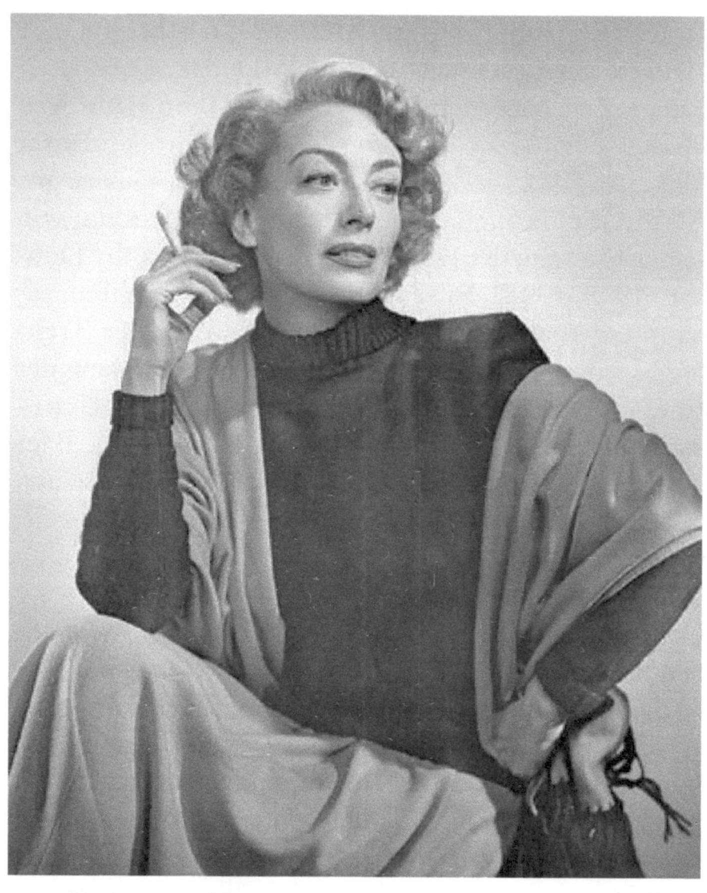

Joan Crawford (1908–1977)

eine geschiedene Ehe mit der Schauspielerin Carole Lombard (1908–1942) hinter sich. Jean Harlow und William Powell hatten sehr unterschiedliche Auffassungen über ihre Beziehung. Jean wollte Kinder, William dagegen nicht. Powell schenkte der Harlean einen wertvollen 150-karatigen Saphirring, zögerte aber mit einer Heirat.

Mitte der 1930-er Jahre galt Jean Harlow als einer der größten weiblichen Filmstars in den USA. Ihr Stern in der Filmwelt stieg, während die Popularität anderer Stars bei „MGM" wie Joan Crawford (1908–1977) und Norma Shearer (1902–1983) schwand. Filme, in denen die Harlow zu sehen war, bescherten an den Kinokassen auch während der Zeit der Depression noch riesige Gewinne.

Wegen des negativen Images ihrer Filmrollen und ihres skandalreichen Privatlebens stand die Schauspielerin Jean Harlow häufig in der Schusslinie konservativer puritanischer Frauenvereine. Mitte der 1930-er Jahre trat die 1933 gegründete katholische „Legion of Decency" in den USA ihr sittliches Wächteramt an. Nun wurden Filmszenen mit Sex oder anderen Untugenden mit Boykott bedroht. Deswegen musste auch Jean Harlow ihre Brüste in BH-Körbchen zwängen. In der Dreiecksgeschichte „Seine Privatsekretärin" (1935) verkörperte sie eine Bürokraft, die ihrer geheimen Liebe zum Manager (Clark Gable) entsagte und stattdessen einen milchgesichtigen Angestellten (James Stewart) erhörte. Im Sozialdrama „Riffraff" (1936) spielte sie eine brave Gewerkschaftsfrau.

Jean Harlow interessierte sich auch für Politik. Sie war registriertes Mitglied der „Demokratic Party" („Demokratische Partei") in den USA. Beim 55. Geburtstag des US-Präsidenten Franklin D. Roosevelt (1882–1945) war sie im Januar 1937 zu Gast.

1936 litt Jean Harlow zeitweise unter einem starken Sonnenbrand, einer starken Grippe und nach der Ziehung eines Weisheitszahns an einer Blutvergiftung. In Begleitung ihres Liebhabers William Powell, ihres Freundes Clark Gable und dessen damaliger Geliebter Carole Lombard, der Ex-Gattin von Powell, kam Jean Harlow 1936 zur „Oscar"-Verleihung. An jenem Abend erkrankte die Harlow so sehr, dass sie zusammen mit der Lombard die Damentoilette aufsuchen, sich dort erholen und ihr Make-up erneuern musste. Damals ahnte noch niemand, dass dies alles Anzeichen einer folgenschweren Krankheit waren.

Eines der letzten Fotos von Jean Harlow zeigt sie mit dem Roman „Vom Winde verweht" in der Hand. Sie war fest entschlossen, dieses Buch zu lesen, schaffte aber, als ihre Krankheit fortgeschritten war, nur noch die ersten Seiten.

Bei Dreharbeiten am 20. Mai 1937 für die Rennbahn-Komödie „Saratoga" (1937) fühlte sich Jean Harlow krank. Sie litt unter Müdigkeit, Übelkeit und Bauchschmerzen. Ein Arzt, den sie deswegen konsultierte, vermutete eine Gallenblasen-Infektion oder Grippe. Ihrer Freundin Myrna Loy fielen ihr grauer Teint, ihre Abgeschlagenheit und ihre Gewichtszunahme auf.

Obwohl sie Fieber hatte, wirkte Jean Harlow am 29. Mai 1937 immer noch bei den Dreharbeiten mit. Zwischen den Szenen beugte sie sich zu Clark Gable vor und klagte, sie fühle sich schrecklich und bat darum, in ihre Garderobe gebracht zu werden. Kurz darauf begleitete ihr Freund William Powell sie nach Hause.

Am 30. Mai 1937 erkundigte sich Powell nach dem Befinden von Jean Harlow und rief danach ihre Mutter an. Als sich der Zustand von Jean nicht besserte, bat Powell ihren Arzt zu einem Hausbesuch. Weil durch Krankheiten von Jean bereits früher drei Filme verzögert worden waren, machte man sich zunächst noch keine großen Sorgen um sie.

Am 2. Juni 1937 hieß es, Jean Harlow leide unter einer Grippe. Weil sie sich am 3. Juni besser fühlte, erwartete man sie am Montag, 7. Juni, wieder zurück am Set. Mittlerweile erschienen widersprüchliche Zeitungsartikel, in denen teilweise von einer folgenschweren Krankheit die Rede war.

William Powell rief am 6. Juni 1937 erneut einen Arzt zu Hilfe, weil Jean nicht mehr richtig sehen konnte. Da sie zudem in einen tiefen Schlaf gefallen war und unter Atembeschwerden litt, wurde dem Arzt bewusst, dass sie an etwas anderem als einer Gallenblaseninfektion oder Grippe litt. Man brachte sie in das „Good Samaritian Hospital" in Los Angeles, wo sie ins Koma fiel. Dort starb Jean Harlow am Montag, 7. Juni 1937, um 11.37 Uhr im Alter von nur 26 Jahren. In Pressemitteilungen wurden ein Hirnödem, ein Nierenversagen oder Harnvergiftung (Urämie) als Todesursache angegeben.

Über den unerwarteten Tod von Jean Harlow kursierten viele Gerüchte, die aber jeder Grundlage entbehrten. Zum Beispiel wurde behauptet, „Mama Jean", die eine fanatische Anhängerin der „Christian-Science-Sekte" gewesen sei, habe jegliche ärztliche Behandlung verboten und erfolglos versucht, ihre Tochter gesund zu beten. Es hieß aber auch, Jean selbst habe eine Behandlung im Krankenhaus oder eine Operation abgelehnt. Andere Gerüchte besagten, die Harlow sei wegen Alkoholismus, einer verpfuschten Abtreibung, einer Über-Diät, eines Sonnenstiches, Vergiftungen durch Haarfärbemittel, die in ihr Gehirn eingedrungen seien, durch giftiges Wachs in ihren Brüsten oder durch eine Geschlechtskrankheit gestorben. Noch heute liest man solchen Unsinn in der Literatur und im Internet.

Nach medizinischen Bulletins, Krankenhausaufzeichnungen und Zeugenaussagen von Verwandten, Freunden und Bekannten von Jean Harlow handelte es sich sicherlich um ein Nierenversagen, das in den 1930-er Jahren noch nicht geheilt werden konnte. Bereits ihr grauer Teint, ihre wiederkehrenden Erkrankungen und ihr starker Sonnenbrand waren offenbar Anzeichen ihrer Nierenerkrankung. Durch ihre versagenden Nieren sammelten sich Gifte in ihrem Körper und verursachten Symptome wie Schwellungen, Müdigkeit und Appetitlosigkeit. Die Gifte beeinflussten ihr Gehirn und das zentrale Nervensystem. Man hat darüber spekuliert, ob die Nierenerkrankung bereits nach ihrer Scharlacherkrankung in jungen Jahren ihren Anfang genommen hatte.

Nach dem Tod von Jean Harlow trauerten unzählige Amerikaner um sie. „MGM"-Boss Louis B. Mayer erklärte: „Die Welt hat einen Sonnenstrahl verloren". Mayer bezahlte die eindrucksvolle und kostspielige Trauerfeier und Bestattung seines Stars. Dabei sangen die Künstler Jeanette MacDonald (1903–1965) und Nelson Eddy (1901–1967) das Lied „Oh, Sweet Mystery of Life", begleitet von einem Orchester.

Die tote Jean Harlow wurde in einem großen Mausoleum, das innen mit Marmor verkleidet war, auf dem Friedhof „Forest Lawn Memorial Park" in Glendale (Kalifornien) zur letzten Ruhe gebettet. Dieses Mausoleum hatte ihr Geliebter William Powell für 25.000 US-Dollar gekauft. Im Sarg trug Jean das rosafarbene Kleid aus dem Film „Lustige Sünder". In ihren Händen hielt sie eine weiße Gardenie und eine Notiz von Powell, der geschrieben hatte: „Gute Nacht, mein liebster Schatz". Ihr Bestatter meinte: „Miss Harlow ist im Tode ebenso schön wie im Leben."

Der Wert des Vermögens, das Jean Harlow ausschließlich ihrer Mutter hinterließ, wurde auf mehr als eine Million US-Dollar geschätzt. 1958 begrub man in dem Mausoleum in Glendale auch „Mama Jean". William Powell, der letzte Geliebte von Jean, heiratete 1940 und wurde nach seinem Tod 1984 auf dem Friedhof „Desert Memorial Park" in Cathedral City (Kalifornien) bestattet.

Durch den Tod von Jean Harlow kam ein geplantes Tauschgeschäft zwischen den Filmstudios „MGM" und „20th Century Fox" nicht zustande. „MGM" plante ursprünglich, Shirley Temple für die teure Verfilmung des Märchens „Der Zauberer von Oz" (1939) zu verpflichten. Dafür wollte „MGM" als Gegenleistung mit Jean Harlow und Clark Gable zwei seiner Spitzenstars für „In Old Chicago" (1937) an „20th Century Fox" ausleihen. Schließlich bekam Judy Garland (1922–1969), die bereits 1935 bei „MGM" als Kindergesangsstar einen siebenjährigen Vertrag erhalten hatte, die Hauptrolle in „Der Zauberer von Oz".

Nach dem Zweiten Weltkrieg (1939–1945) geriet Jean Harlow in den meisten Ländern Europas schnell in Vergessenheit. Lediglich in den USA und in England lebte ihr Mythos weiter. 1988 ehrte die „ARD" in der Bundesrepublik Deutschland die ehemalige Sex-Göttin aus Hollywood mit einer Filmschau, bei der acht der vierzehn Streifen, die Jean zwischen 1932 und 1937 für das Filmstudio „MGM" drehte, gezeigt wurden. Die

Retrospektive begann mit „Sexbombe" und endete mit „Lustige Sünder".

Der Autor David Thomson schrieb in seinem Buch „Hollywood – Fotografien aus der Kobal Collection" (2001) über den anhaltenden Ruhm von Jean Harlow: „Sie bleibt eine von Hollywoods ewigen Sexgöttinnen, nicht zuletzt wegen ihrer Fähigkeit, sexuelle Verfügbarkeit zu versinnbildlichen."

Das Leben von Jean Harlow stand 1965 im Mittelpunkt zweier Filme, die beide den Titel „Harlow" trugen". In einem Film wurde sie von Carroll Baker dargestellt, im anderen von Carol Lynley. 1978 hat man sie in „Hughes and Harlow: Angels in Hell" porträtiert. 1993 folgte der Dokumentarfilm „Harlow: The Blonde Bombshell". 2004 hat Gwen Stefani sie in „Aviator" verkörpert.

1965 erschien posthum der Roman „Today is Tonight", den Jean Harlow um 1933/1934 geschrieben hatte. Nach ihrem Tod verkaufte „Mama Jean" die Filmrechte an „MGM". Aber die Verfilmung kam nicht zustande. Die Rechte für eine Buchveröffentlichung wurden von „Mama Jean" an einen Freund der Familie weitergegeben.

An Jean Harlow erinnern ein Stern auf dem „Hollowood Walk of Fame" sowie Hand- und Fußabdrücke von ihr vor dem Kino „Graumann's Chinese Theatre" in Hollywood. Beim erstenmal wurden die Abdrücke im Inneren des Kinos vor zahlendem Publikum erzeugt. Doch die Platte zerbrach, bevor man sie im Freien anbringen konnte. Vier Tage später kehrte Jean zurück und hinterließ diesmal erfolgreich Hand- und Fußabdrücke im Freien. Im Juni 1999 wählte das „American Film Institute" sie auf Platz 22 der 100 größten Kinolegenden. Auf der Internetseite „ZEHN.DE" belegt Jean Harlow unter den zehn bedeutendsten Sexgöttinnen Hollywoods hinter Mae West (1892–1980) den respektablen zweiten Rang. Die Harlow gehört auch zu den vielen Filmstars, die von Madonna in ihrem Song „Vogue" erwähnt werden.

Filme von Jean Harlow

(Auswahl)

1928: Honor Bound
1928: Moran of the Marines
1928: Chasing Husbands
1928. Lichter der Großstadt (City Lights)
1929: Freiheit (Liberty), Auftritt
als Harlean Carpenter
1929: Fugitives
1929: Why Be Good?
1929: Why is a Plumber?
1929: Close Harmony
1929: Bacon Grabbers
1929: The Unkissed Man
1929: Der Prinz im Fahrstuhlschacht (Double
Whoopee)
1929: Thundering Toupees
1929. Masquerade
1929: Schnorrer
1929: The Saturday Night Kid
1929: Liebesparade (The Love Parade)

1929: This Thing Called Love
1929: Weak But Willing
1929: New York Mights
1930: Höllenflieger (Hell's Angels), Auftritt
als Jean Harlow
1931: Lichter der Großstadt
1931: The Secret Six
1931: Der öffentliche Feind (The Public Enemy)
1931: Iron Man
1931: Goldie
1931: Vor Blondinen wird gewarnt (Platinum Blonde)
1932: Three Wise Girls
1932: The Beast of the City
1932: Narbengesicht
1932: Feuerkopf (Red-Headed Woman)
1932: Dschungel im Sturm (Red Dust)
1933: Ganovenbraut (Hold Your Man)
1933: Dinner um Acht (Dinner at Eight)
1933: Sexbombe (Bombshell)
1934: Millionäre bevorzugt (The Girl
from Missouri)
1935: Die öffentliche Meinung (Reckless)
1935: Abenteuer im Gelben Meer (China Seas)
1936: Riffraff
1936: Seine Sekretärin (Wife vs. Secretary)
1936: Suzy

1936: Lustige Sünder (Libeled Lady)
1937: Der Mann mit dem Kuckuck (Personal
Property)
1937: Saratoga

Quelle: Wikipedia und Internet Movie Database

Literatur

BROWN, Curtis F.: Jean Harlow. Ihre Filme – ihr Leben, München 1988

DER SPIEGEL: Liebe der Matronen. ARD-Salut für Hollywoods Sex-Göttin der dreißiger Jahre: Jean Harlow, Hamburg 1988

DOTZAUER, Gregor: Der Körper von Jean Harlow. Annäherungsversuch an einen Mythos. Frankfurter Allgemeine Zeitung, Bilder und Zeiten, 1. Oktober 1988, Frankfurt am Main

FEMBIO Frauen-Biographie-Forschung
http://www.fembio.org

HEINZLMEIER, Adolf / SCHULZ, Bernd / WITTE, Karsten: Die Unsterblichen des Kinos, Band 2, Glanz und Mythos der Stars der 40er und 50er Jahre, Frankfurt am Main 1980

INTERNET MOVIE DATABASE
(Film-Datenbank)
http://www.imdb.com

PROBST, Ernst: Superfrauen 7 – Film und Theater, Mainz-Kostheim 2001

PROBST, Ernst: Königinnen des Films, München 2012

PUBLIKUMSLIEBLINGE NICHT NUR VON GESTERN http://www.steffi-line.de
Internetseite von Stephanie D'heil, Düsseldorf
UHLICH, Bettina: Das Leben der Leinwandgöttin Jean Harlow, Leipzig 2011
WIKIPEDIA (Online-Lexikon)
http://wikipedia.org
WINNERT, Derek (Herausgeber): Jean Harlow. Aus: Kino. Die große Welt der Filme und Stars, S. 99, Niedernhausen 1995

Bildquellen

Library of Congress, Prints and Photographs Division, National Photo Company, Washington (Foto vom 24. Juli 1929): 28

Metro Goldwyn Mayer (MGM): 22 (Publicity still released by MGM)

Reproduktion eines Fotos von Stephania Puchlik vom September 1935: 32

Eiga No Tomo (Foto vom Februar 1951): 19

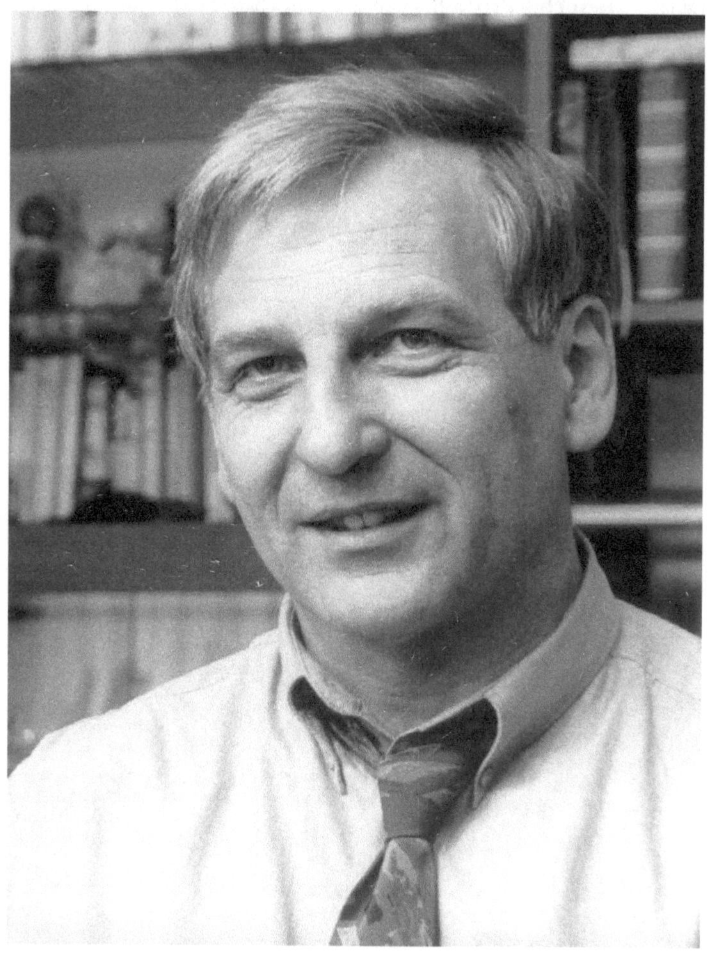

Autor Ernst Probst

Der Autor Ernst Probst

Ernst Probst, geboren am 20. Januar 1946 in Neunburg vorm Wald im bayerischen Regierungsbezirk Oberpfalz, ist Journalist und Wissenschaftsautor. Er arbeitete von 1968 bis 1971 als Redakteur bei den „Nürnberger Nachrichten", von 1971 bis 1973 in der Zentralredaktion des „Ring Nordbayerischer Tageszeitungen" in Bayreuth und von 1973 bis 2001 bei der „Allgemeinen Zeitung", Mainz. In seiner Freizeit schrieb er Artikel für die „Frankfurter Allgemeine Zeitung", „Süddeutsche Zeitung", „Die Welt", „Frankfurter Rundschau", „Neue Zürcher Zeitung", „Tages-Anzeiger", Zürich, „Salzburger Nachrichten", „Die Zeit", „Rheinischer Merkur", „Deutsches Allgemeines Sonntagsblatt", „bild der wissenschaft", „kosmos", „Deutsche Presse-Agentur" (dpa), „Associated Press" (AP) und den „Deutschen Forschungsdienst" (df). Aus seiner Feder stammen die Bücher „Deutschland in der Urzeit" (1986), „Deutschland in der Steinzeit" (1991) und „Deutschland in der Bronzezeit" (1996). Von 2001 bis 2006 betätigte sich Ernst Probst als Buchverleger sowie zeitweise als internationaler Fossilienhändler und Antiquitätenhändler. Insgesamt veröffentlichte er rund 200 Bücher, Taschenbücher, Broschüren und E-Books.

Bücher von Ernst Probst

(Auswahl)

Als Mainz noch nicht am Rhein lag

Annie Oakley
Die Meisterschützin des Wilden Westens

Archaeopteryx. Der Urvogel
aus Bayern

Christl-Marie Schultes. Die erste Fliegerin in Bayern
(zusammen mit Theo Lederer)

Cortés und Malinche. Der spanische Eroberer
und seine indianische Geliebte

Der Europäische Jaguar

Der Mosbacher Löwe
Die riesige Raubkatze aus Wiesbaden

Der Rhein-Elefant
Das Schreckenstier von Eppelsheim

Die Dolchzahnkatze Megantereon

Die Dolchzahnkatze Smilodon

Die Säbelzahnkatze Homotherium

Die Säbelzahnkatze Machairodus

Die Schweiz in der Frühbronzezeit

Die Rhône-Kultur in der Westschweiz

Die Arbon-Kultur in der Schweiz

Die Schweiz in der Mittelbronzezeit

Die Schweiz in der Spätbronzezeit

Dinosaurier von A bis K. Von Abelisaurus
bis zu Kritosaurus

Dinosaurier von L bis Z. Von Labocania
bis zu Zupaysaurus

Eiszeitliche Geparde in Deutschland

Eiszeitliche Leoparden in Deutschland

Frauen im Weltall

Hildegard von Bingen. Die deutsche Prophetin

Höhlenlöwen. Raubkatzen
im Eiszeitalter

Julchen Blasius
Die Räuberbraut des Schinderhannes

Katharina II. die Große.
Die Deutsche auf dem Zarenthron

Johann Jakob Kaup
Der große Naturforscher aus Darmstadt

Königinnen der Lüfte in Deutschland

Königinnen der Lüfte in Europa

Königinnen der Lüfte in Amerika

Königinnen der Lüfte von A bis Z

Rund 70 Kurzbiografien berühmter Fliegerinnen,
Ballonfahrerinnen, Luftschifferinnen,
Fallschirmspringerinnen, Astronautinnen und
Kosmonautinnen

Königinnen des Films

Königinnen des Tanzes

Königinnen des Theaters

Malende Superfrauen

Meine Worte sind wie die Sterne

Die Entstehung der Rede des Häuptlings Seattle
(zusammen mit Sonja Probst)

Monstern auf der Spur
Wie die Sagen über Drachen, Riesen
und Einhörner entstanden

Neues vom Ur-Rhein
Interview mit dem Geologen und Paläontologen
Dr. Jens Sommer

Österreich in der Frühbronzezeit

Österreich in der Mittelbronzezeit

Österreich in der Spätbronzezeit

Pompadour und Dubarry. Die Mätressen
von Louis XV.

Raub-Dinosaurier von A bis Z.
Mit Zeichnungen von Dmitry Bogdanav
und Nobu Tamura

Rekorde der Urmenschen
Erfindungen, Kunst und Religion

Rekorde der Urzeit
Landschaften, Pflanzen und Tiere

Säbelzahnkatzen. Von Machairodus
bis zu Smilodon

Säbelzahntiger am Ur-Rhein. Machairodus
und Paramachairodus

Superfrauen aus dem Wilden Westen

Tony und Bruno Werntgen. Zwei Leben für die Luftfahrt
(zusammen mit Paul Wirtz)

Was ist ein Menhir?
Interview mit dem Mainzer Archäologen
Dr. Detert Zylmann

Weisheiten der Indianer

Wer ist der kleinste Dinosaurier?
Interviews mit dem Wissenschaftsautor Ernst Probst

Wer war der Stammvater der Insekten?
Interview mit dem Stuttgarter Biologen
und Paläontologen Dr. Günther Bechly

Zenobia von Palmyra.
Eine Frau kämpft gegen die Römer

Bestellungen bei: http://www.grin.com